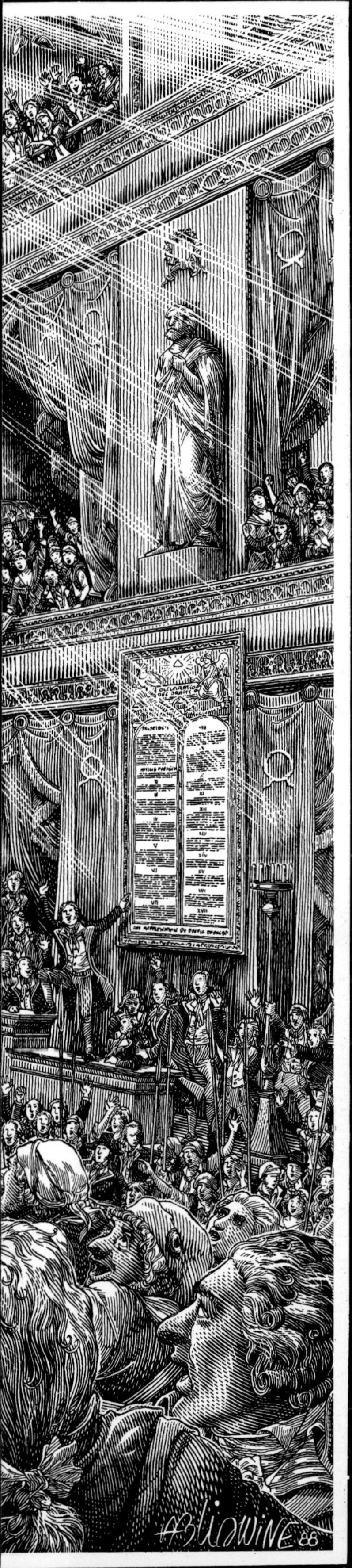

Allons Enfants...

MISTRAL GAGNANT

Leur filer des coups d'pied pour de faux...
Et entendre ton rire qui lézarde les murs qui sait surtout guérir mes blessures
Te raconter un peu comment j'étais, mino les bombecs fabuleux qu'on piquait chez l'marchand
Car en sac et mintho caramels à 1F
et les Mistral gagnants
Ah... marcher sous la pluie cinq minutes avec toi et regarder la vie tant qu'y en a...
Te raconter la terre en te bouffant des yeux te parler de ta mère un p'tit peu...
Cabanes
2

Et sauter dans les flaques pour la faire râler, bousiller nos godasses et s'marrer...
Et entendre ton rire comme on entend la mer, s'arrêter, repartir en arrière...
Te raconter surtout les Carambars d'antan et les Coco-boërs et les vrais roudoudous qui nous coupaient les lèvres et nous niquaient les dents, et les Mistral gagnants...
Ah... m'asseoir sur un banc, cinq minutes avec toi, regarder le soleil qui s'en va...
3

Regarde ! Est-ce que tu sais dire "c'est la vie" avec les pieds ?
Te parler du bon temps qu'est mort et je m'en fous
Te dire que les méchants c'est pas nous
Que si moi je suis barge ce n'est que de tes yeux
car ils ont l'avantage d'être deux...
Et entendre ton rire s'envoler aussi haut
que s'envolent les cris des oiseaux
Te raconter enfin qu'il faut aimer la vie
et l'aimer même si le temps est assassin
et emporte avec lui les rires des enfants
et les Mistral gagnants...
Et les Mistral gagnants.
Achète toi le CONNAUD !
René file moi un TOUDOUDOU SINON JE T
Nono
Passe moi un carambar !
c'est la faim de tout
Trouette de KEKE
4

JONATHAN

L'HEURE DE MIDI...
BON. LES ENFANTS, ON NE S'ÉLOIGNE PAS, ON RESTE GROUPÉS ET ON NE S'APPROCHE PAS TROP DES GRILLAGES.
MOI, JE M'EN FOUS!
JE VAIS QUAND MÊME PRÈS DES GRILLAGES. C'EST ICI QUE JE TROUVE LES PLUS BEAUX VERS DE TERRE POUR MA COLLECTION.
TRALALALALALALA LALALALA OUPLA!
vers
WÂÂÂ! UN PETIT NOIR QUI COLLECTIONNE DES VERS DE TERRE!
MOI PAS COLLECTIONNER VERS DE TERRE, MOI **MANGER** VERS DE TERRE!
TOI POUVOIR EN PRENDRE SI TOI FAIM!
HO! J'AI DIT ÇA POUR RIRE!
JE DOIS Y ALLER. TU SERAS LÀ, CE SOIR?
ON VERRA.

SALUT JONA !
SALUT, TEFO !
ON EST DES AMIS, MAINTENANT, HEIN ?
SÛR !
OUAIS. ON EST DES AMIS, MAIS TOI, TU SERAS TOUJOURS D'UN CÔTÉ DU GRILLAGE ET MOI DE L'AUTRE... JE NE CONNAÎTRAI JAMAIS TA MAISON, TA RUE, TON ÉCOLE... OU ALORS, FAUT TROUVER UN TRUC...
vers
vers
vers
JONA, TU ES MON MEILLEUR AMI !
vers géants
MARIE-JO ! QU'EST-CE QUE VOUS CACHEZ SOUS VOTRE PUPITRE ?
VOUS ALLEZ TOUT DE SUITE VOUS PRÉSENTER CHEZ MONSIEUR LE DIRECTEUR, ET J'INSISTERAI PERSONNELLEMENT POUR QUE VOUS SOYEZ RENVOYÉE DE CET ÉTABLISSEMENT !
J'ESPÈRE QUE TOUT LE MONDE AURA COMPRIS LA LEÇON ET QUE C'EST MAINTENANT BIEN CLAIR DANS LES ESPRITS : IL EST STRICTEMENT INTERDIT D'ENTRER DANS L'ENCEINTE DE L'ÉCOLE AVEC ANIMAUX, OBJETS, OU QUOI QUE CE SOIT QUI N'AIT EXPRESSÉMENT ÉTÉ AUTORISÉ PAR LE RÈGLEMENT DE L'ÉCOLE. VU ?
GEERTS

VOUS SAVEZ, BILL, JE M'INQUIÈTE POUR LE PETIT JONA. SON COMPORTEMENT EST SI... BIZARRE...
VOUS VOULEZ QUE J'INTERVIENNE PERSONNELLEMENT POUR QU'IL SOIT RENVOYÉ DE L'ÉCOLE ?
NON, BILL, JE N'IRAI PAS JUSQUE LÀ... MAIS... ON NE LE VOIT PLUS JAMAIS AVEC LES AUTRES ENFANTS... IL A L'AIR DIFFÉRENT... JE CRAINS QU'IL N'AIT DE MAUVAISES FRÉQUENTATIONS...
VOUS ALLEZ POUVOIR JUGER VOUS-MÊME. NOUS SOMMES EN TRAIN DE RÉPÉTER UNE CHORÉGRAPHIE POUR LA FÊTE DE L'ÉCOLE. ENTRONS.
!!!
IDIOT !
CRÉTIN !
ENFOIRÉ !
GROS CON !
SALE... SALE NOIR !!
PERDU ! TU L'AS DIT !
ÇA FAIT TROIS PARTOUT ! ON N'EST PAS ENCORE ASSEZ VIGILANTS, JONA ! ALLEZ, ON EN REFAIT UNE. À MOI DE COMMENCER : IMBÉCILE !
COUILLON !
FACE DE PET !
DEMEURÉ !
PAUVRE TYPE !
TÊTE DE VEAU !
FACE DE RAT !

C'EST UNE BONNE IDÉE, BILL, D'AVOIR ORGANISÉ CE CAMP LOIN DE L'ÉCOLE ET DES GRILLAGES.
JE SUIS SÛRE QUE CELA FERA LE PLUS GRAND BIEN À JONA DE CHANGER D'AIR !
ÇA ME RASSURE DE LE SAVOIR LOIN DE SES MAUVAISES FRÉQUENTATIONS ! D'ICI LA FIN DU CAMP, JE PARIE QU'IL LES AURA MÊME OUBLIÉES !
OH BILL ! REGARDEZ LE DORMIR ! JE CROIS QUE NOUS SOMMES SUR LA BONNE VOIE AVEC CET ENFANT ! IL SEMBLE DÉJÀ AVOIR RETROUVÉ TOUTE SON INNOCENCE !
J'AI BIEN ENVIE DE LE RÉCOMPENSER ! QUE DIRIEZ-VOUS D'UNE GUITARE ?
JE PRÉFÉRERAIS UNE CARABINE. C'EST PLUS ÉDUCATIF !
NOUS LE LAISSERONS CHOISIR ! ET MAINTENANT, BILL, ÉLOIGNONS-NOUS ET LAISSONS-LE À SES RÊVES !
GEERTS '88

CHANSON POUR PIERROT

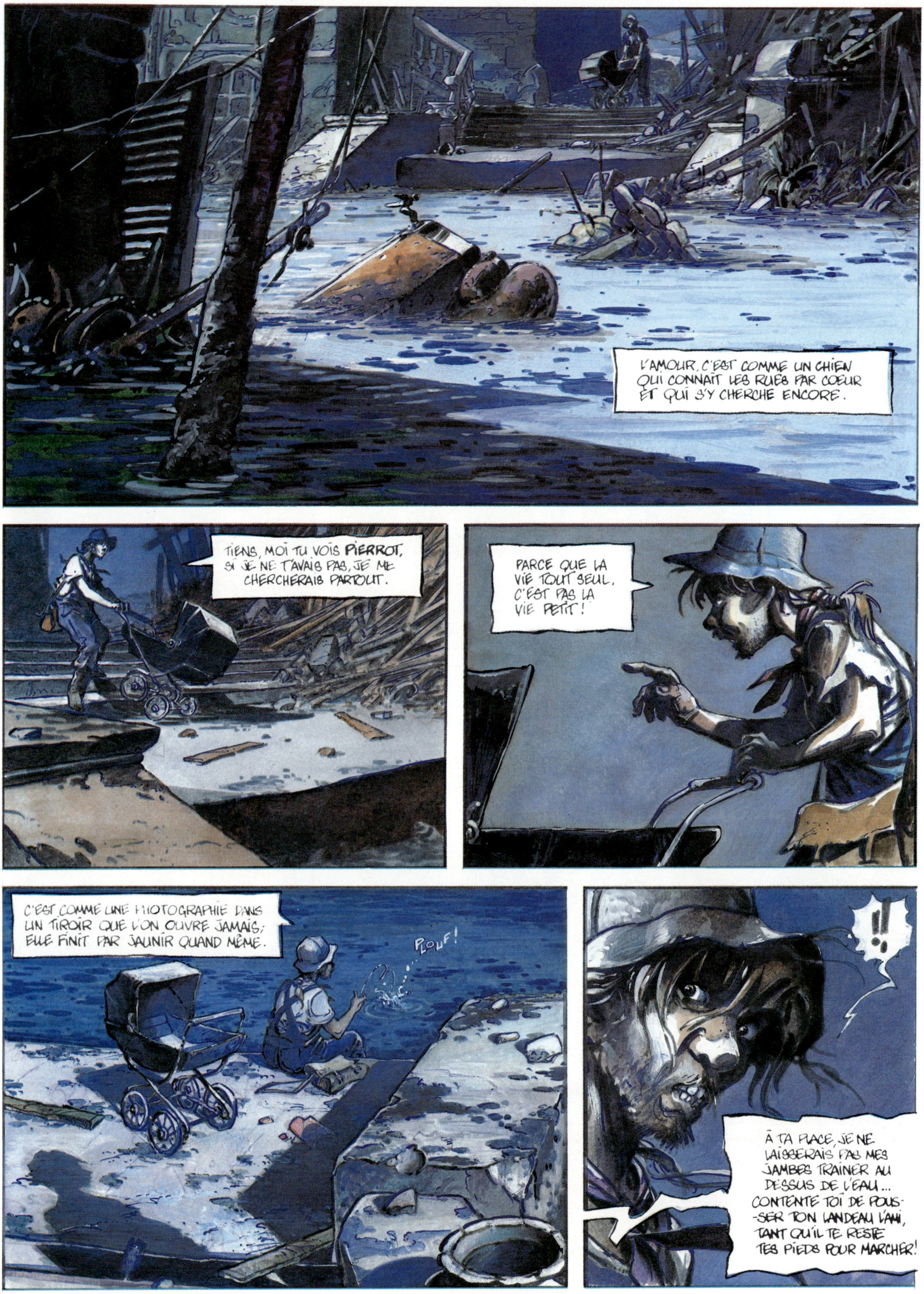

REMARQUE LA SOLITUDE A DÛ TE RENDRE UN PEU FOU...
TU PARLES À UN LANDEAU VIDE !
VOUS VOULEZ ME FAIRE PLAISIR...? DONNEZ LA RÉPLIQUE.
MOI, JE N'AI JAMAIS RIEN DONNÉ, SURTOUT PAS LE PLAISIR!.. À MOINS QUE...
JE T'ARRÊTE DE SUITE... JE NE POURRAIS PAS TE PAYER !
MAIS QUI TE PARLE D'ARGENT? ... LE PLAISIR VAUT BIEN PLUS QUE LE MÉTAL QUI L'ACHÈTE !
ENTRE MON VENTRE ET TON LANDEAU LE TRAIT D'UNION MÉRITE DE S'APPELER PIERROT... SEULEMENT... IL Y A UNE CONDITION...
LAQUELLE ? ÇA M'INTÉRESSE !
TU VOIS CETTE VOITURE LÀ-BAS ? ... L'ANGE CHROMÉ SUR LE CAPOT...
J'L'AIME BIEN !
BEN OUI !.. JE SUIS UNE FEMME... ET SANS CE BIJOU QUEL INTÉRET J'AURAIS...
FORCEMENT... VU COMME ÇA..
C'EST TON ANGE CONTRE LE MIEN !

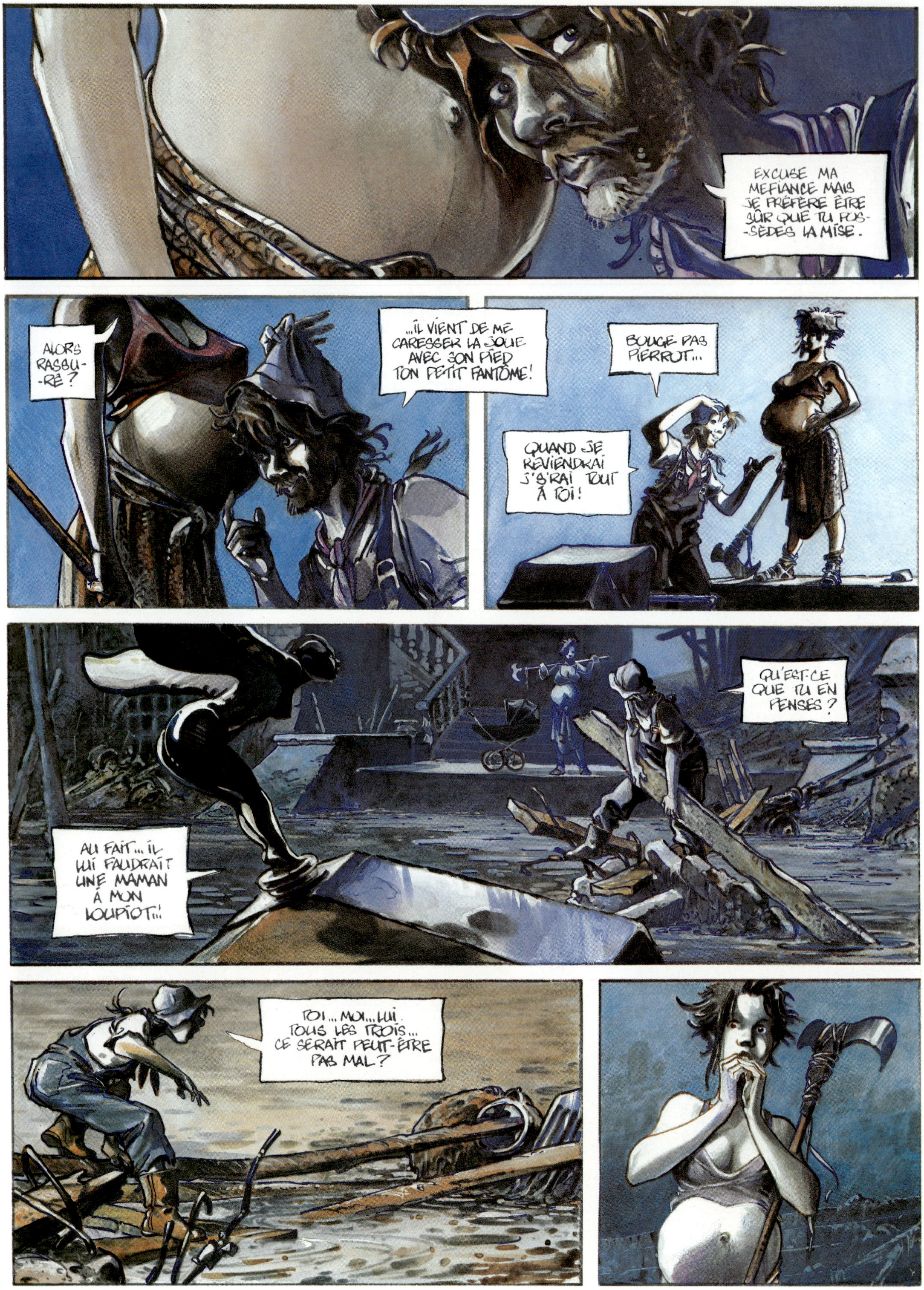
EXCUSE MA MÉFIANCE MAIS JE PRÉFÈRE ÊTRE SÛR QUE TU POS-SÈDES LA MISE.
ALORS RASSU-RÉ ?
...IL VIENT DE ME CARESSER LA JOUE AVEC SON PIED TON PETIT FANTÔME !
BOUGE PAS PIERROT...
QUAND JE REVIENDRAI J'S'RAI TOUT À TOI !
QU'EST-CE QUE TU EN PENSES ?
AU FAIT... IL LUI FAUDRAIT UNE MAMAN À MON LOUPIOT...!
TOI... MOI... LUI TOUS LES TROIS... CE SERAIT PEUT-ÊTRE PAS MAL ?

HHHHOP!
CE SERAIT TROP BÊTE !..
ALORS, TU AS RÉFLÉCHI A MA PROPOSITION ?
...REVIENS VIVANT IL M'AURA COMME MAMAN
GAGNÉ !
..HM... AVEC CETTE PARURE, TU ES ENCORE PLUS BELLE QUE LES FEMMES D'AVANT !
C'EST VRAI ?
!! DIS !..ET..ET SI C'ÉTAIT UNE FILLE ?
...?
ON L'APPELERA PIERROT QUAND MÊME !
TEXTE . MILTIDJAN - LOISEL .
DESSIN COULEUR . LOISEL . 87

FAUT PAS GONFLER GERARD LAMBERT QUAND Y REPARE SA MOBYLETTE !
AH BON?! C'EST UNE MOB?!
FIN A L'ARRET..
..ÇA DOIT ETRE UNE PERFORMANCE!
TU CROIS KY DEGONFLE SI ON L'PIQUE?!
ARF! ARF!
ÇA FAIT 3 SEMAINES QU'IL EST LA!
..ÇA VA FINIR A LA FOURRIERE JE SENS!
JANO

Bande de Rats

ALLONGÉ SOUS LES VAGUES
DO SI LA RÉ LA LA
PLINK PLOUNK PLONG TZING PLONG PLONG
MAINTENANT OU JAMAIS...
PARÉ POUR DÉCONNEXION...
ALLONGÉ SOUS LES VAGUES, LE SOLEIL DANS LES YEUX LOIN DES CRIS DE LA PLAGE... DES CRÉTINS BOUTONNEUX...
1

LA PLAGE...
BRONZAGE
VOYAGE VOLAGE TU NAGES
JE NAGE
TON CORSAGE
MON VISAGE
NOTRE AGE
AÏE ! NUL À CHIER !! J'ENRAGE !
Dictionnaire de Rimes
QUINZIÈME ÉTAGE
EN CAGE
SACCAGE
PILLAGE CARNAGE
DOMMAGE, CHOMAGE
CASSE-TOI DÉGAGE
FLIPPAGE À MORT
AÏE ! PIRE DEHORS !
IMMERSION
IMMERSION
DÉMISSION DIMENSION OPPRESSION
CHERCHONS LIBERATION AU FOND
INTERDICTION RESPIRATION
SOLUTION NÉGATION OPTION DÉRISION

RÉPRESSION TRADITION NATION ÉDUCATION
TA GUEUUULE SAC À MOTS
TION
ZON
PTI..
SANC...TION
TION
PUH
Y'A PAS D'ANGE SUR CETTE TERRE...
À PART DANS LES CIMETIÈRES
COMBIEN DE VICTIMES ? COMBIEN DE MILLIERS D'ENFANTS ?
3

J'EN SAIS RIEN, J'DONNE MA LANGUE AU CHAGRIN...
SI TU SAIS, TOI SOUFFLE MOI
FATIGUÉ DU MENSONGE ET DE LA VÉRITÉ QUE JE CROYAIS SI BELLE QUE JE VOULAIS AIMER
ET QUI EST SI CRUELLE QUE JE M'Y SUIS BRULÉ
FATIGUÉ...
MORT L'ENFANT QUI VIVAIT EN MOI...
JE VOUDRAIS LE SILENCE, ENFIN... PUIS LE VENT...
ALLONGÉ SOUS LES VAGUES S'APPELLE MA CHANSON... PLUS C'EST CON PLUS ÇA PASSE À LA TÉLÉVISION ——..——..——..——

DÈS QUE LE VENT SOUFFLERA

ne pleure plus ma mère
ton fils est matelot
ne pleure plus mon père
je vis au fil de l'eau.
regardez votre enfant
il est parti marin
je sais, c'est pas marrant
mais c'était mon destin.
je f'rai le tour du monde pour voir à chaque étape
si tous les gars du monde veulent bien m'lâcher
la grappe.
j'irai aux quatre vents
foutre un peu le boxon
jamais les océans
n'oublieront mon prénom.
MANU!
RÉVEILLE-TOI, LE MOUSSE! LE BATEAU COULE!!... VITE!
HO! LES MECS! ATTENDEZ-MOI HÉ!
DÈS QUE LE VENT SOUFFLERA
JE REPARTIRA, DÈS QUE
LES VENTS SOUFFLERONT,
NOUS NOUS EN ALLERONS...
... de requin...
Renaud-Dieter-
michel Plessix 88-

CENT ANS

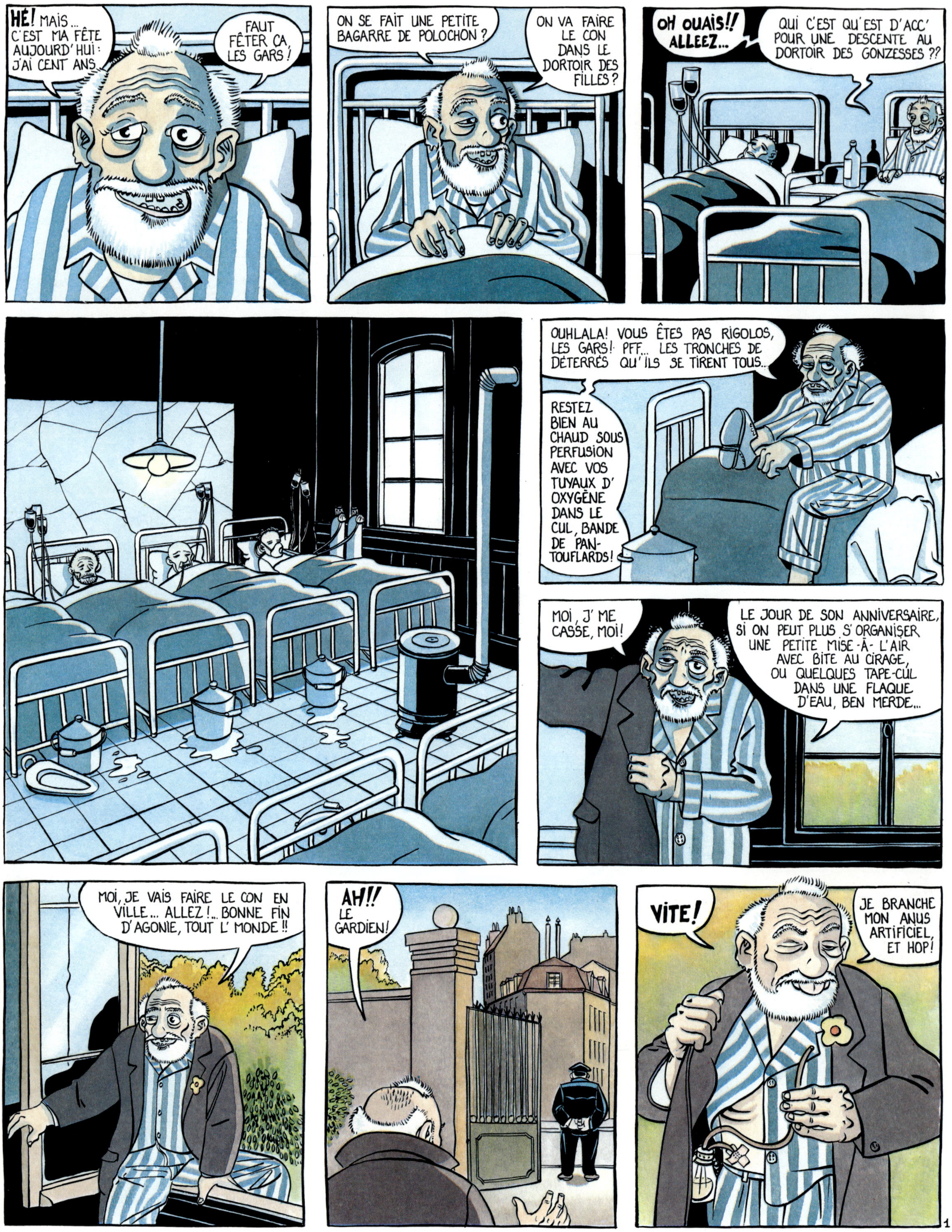

HÉ! MAIS... C'EST MA FÊTE AUJOURD'HUI: J'AI CENT ANS.
FAUT FÊTER ÇA LES GARS!
ON SE FAIT UNE PETITE BAGARRE DE POLOCHON?
ON VA FAIRE LE CON DANS LE DORTOIR DES FILLES?
OH OUAIS!! ALLEEZ...
QUI C'EST QU'EST D'ACC' POUR UNE DESCENTE AU DORTOIR DES GONZESSES??
OUHLALA! VOUS ÊTES PAS RIGOLOS, LES GARS! PFF... LES TRONCHES DE DÉTERRÉS QU'ILS SE TIRENT TOUS...
RESTEZ BIEN AU CHAUD SOUS PERFUSION AVEC VOS TUYAUX D'OXYGÈNE DANS LE CUL, BANDE DE PANTOUFLARDS!
MOI, J'ME CASSE, MOI!
LE JOUR DE SON ANNIVERSAIRE, SI ON PEUT PLUS S'ORGANISER UNE PETITE MISE-À-L'AIR AVEC BITE AU CIRAGE, OU QUELQUES TAPE-CUL DANS UNE FLAQUE D'EAU, BEN MERDE...
MOI, JE VAIS FAIRE LE CON EN VILLE... ALLEZ!.. BONNE FIN D'AGONIE, TOUT L'MONDE!!
AH!! LE GARDIEN!
VITE!
JE BRANCHE MON ANUS ARTIFICIEL, ET HOP!
1

OOOH GARDIEN! VOUS AVEZ VU MA PETITE FLEUR ??
?
PSCHITT
SPLATCH
HAHA, LE BON GAG! ÇA DÉMARRE FORT!
MAIS QU'EST CE QUE... MAIS... ÇA PUE !!
TIENS?
OÙ EST PASSÉ LE CENTENAIRE?
... IL A ENCORE FAIT UNE FUGUE ??
OÙ EST-IL PASSÉ ?? JE VEUX UNE RÉPONSE... SI QUELQU'UN PEUT LE DIRE, QU'IL FASSE UN PAS EN AVANT...
BIEN. JE VOIS. TOUS COMPLICES, HEIN? LA FAMEUSE SOLIDARITÉ DU DORTOIR DES PROTHÈSES ANALES !!
O.K.! VOUS ÊTES PRIVÉS DE MÉCHOUI MERCREDI APRÈS-MIDI... ÇA VOUS APPRENDRA À LE PROTÉGER...
DIEU SAIT DE QUELLE BÊTISE IL EST ENCORE CAPABLE
BUS 21
HIHI, JE VAIS ME LE FAIRE, CELUI-LÀ...
ET HÔF...
HIHI...
2

WOUAH WOUAH
GNAP GNAP
MAIS... IL EST FOU, CE VIEUX !! IL M'A MORDU LES FESSES...!
HOU HOU!
BUS 21
EXCUSEZ-MOI MONSIEUR, C'ÉTAIT JUSTE UNE BONNE BLAGUE, POUR FÊTER MON ANNIVERSAIRE!
?
ON N'A PAS TOUS LES JOURS CENT ANS, HEIN ?! ALLEZ, BONNE JOURNÉE
AAAHA!
WAHOU!!
QU'EST-CE QU'ON SE FEND LA GUEULE À CENT ANS!
OH! DES GAMINS QUI JOUENT AUX BILLES...
J'ÉTAIS CHAMPION, MOI...
COUP DE POT! J'AI TOUJOURS UNE BILLE SUR MOI...
HÉ, LES GARS! JE PEUX JOUER AVEC VOUS ??
HÉ ??
ENFIN ?!?
POURQUOI ILS SE SAUVENT COMME ÇA ???
3

M'EN FOUS, J'LEUR PIQUE TOUTES LEURS BILLES
Y'EN A PLEIN QUE J'AI PAS...
CHAIS PAS SI JE ME SUIS REMIS LA BONNE DANS L'OEIL...
TANT PIS... FILONS D'ICI !
ATTENTION !
BLENG
PLIING
PLIING
PLIING
PLIING
PLIING
PLIING
C'EST VOUS LA RESPONSABLE DE L'HOSPICE DE VIEILLARDS ?
OUI. ALORS ?? COMMENT VA-T-IL ??
SCRATCH
SCRATCH
SCRATCH
SCRATCH
IMPOSSIBLE DE LE SAVOIR. IL A FALLU ÉVACUER DEUX FOIS LE BLOC OPÉRATOIRE À CAUSE DES BOULES PUANTES
ET JE NE VOUS PARLE PAS DU POIL À GRATTER
SCRATCH
SCRATCH
HUM, ET QUAND JE ME SUIS PENCHÉ SUR LUI, J'AI PRIS UNE GICLÉE DE HUM... D'EXCRÉMENTS DANS LA FIGURE...
HAHEM, C'EST D'UN GOÛT !
SCRATCH
SCRATCH
SCRATCH
SI VOUS POUVIEZ LE RAISONNER UN PEU, ÇA M'ARRANGERAIT
MAIS BIEN SÛR ! JE VAIS VOUS LE MÂTER MOI, CELUI-LÀ...
ALLEZ-Y. IL DOIT ÊTRE UN PEU AFFAIBLI, IL A PERDU PRESQUE UN SEAU DE SANG
SCRATCH
SCRATCH
C'EST LÀ ?
OUI... ENTREZ !
HAHA ! LA RIGOLADE CONTINUE !
QUAND JE RACONTERAI ÇA AUX COPAINS...
...ILS VONT REGRETTER !

TRONCHET

PUTAIN DE CAMION

PARFOIS, MARCEL ESSAYE DE LES RACONTER À SES COPAINS AU RELAIS...
C'EST CON JE LES RETIENS JAMAIS !
BOANG
C'EST PAS DE VEINE, MAINTENANT POUR ÉCOUTER DES BLAGUES DANS SON BAHUT, MARCEL VA DEVOIR S'ACHETER DES CASSETTES.
ENFOI... RÉ !

À l'ombre des HLM

BOUCQ

ROUGE GORGE
TEXTE : JL BOCQUET
DESSIN: arno
Je m'appelle ROBERT
J'ai 4 jours
Je me porte bien,
ma petite maman aussi.
Le nid
MA MAISON.
MON BAPTÊME. TOUTE LA FAMILLE EST RÉUNIE, MÊME CEUX DE LA CAMPAGNE. CERTAINS ONT DÛ DORMIR DANS LE JARDIN SOUS LA TENTE, NOTRE MAISON EST TROP PETITE.
JE POSE FIÈREMENT SUR LA MOTO DE PAPA. L'ANNÉE PROCHAINE IL ACHETERA UNE AUTO, MAIS JE PRÉFÈRE LA MOTO.
VACANCES À LA CAMPAGNE À LAMBERSART CHEZ VIEUX PAPA LOUIS. IL M'OFFRE SON FAMEUX FOULARD ROUGE.
1

QUAND JE SERAI GRAND, JE SERAI COW-BOY OU CHEVALIER OU VETERINAIRE.

MOI ET NADIA

Redaction

Sujet: Decrivez votre maison

Dans ma rue toutes les maisons sont
pareilles. Mais la mienne est la plus
belle. Il y a une grille pour rentrer
dans le jardin. Il y a deux arbres avec
des cerises et des abricots, pas tout le temps
Il y a une porte d'entrée et 4 fenêtres
autour de ma maison. Il y a des très
grandes marches pour rentrer dedans.
A l'interier il y a un couloir et
une salle d'eau, il y a aussi ma
chambre, elle est très grande avec plein
de jouets. Mon papa et ma maman ont
une chambre aussi. Il y a aussi la
cuisine de ma maman où je ne dois
pas traîner dans ses pattes. Et puis
il y a aussi la salle de sejour. Il y
a toujours plein de monde et mon pa-
pa rit le plus fort. Mon papa ma ma-
man et moi on est très heureux dans
ma maison.

2

J'AIME BIEN L'ECOLE, SURTOUT LA RECRÉ ET LES SORTIES AUX MUSÉES, AVEC BRAHIM ET JOSÉ ON EST SOUVENT EN RETENUE. C'EST MES MEILLEURS COPAINS, MAIS ILS NE SAVENT PAS QUE MON AMOUREUSE C'EST NADIA.

MA CHAMBRE.

POUR NOËL MES PARENTS M'ONT OFFERT UN 103, AVEC JOSÉ ON VA LA DÉBRIDER, METTRE UNE SELLE DEUX PLACES ET UN GUIDON MENOTTES...

RESIDENCE 142
LE MIEUX VIVRE URBAIN
DE GRAND STANDING !

Oui ! Vous aussi vivez presque au cœur de la capitale dans un cadre privilégié. La société SEMCOL, maître d'œuvre de la Résidence 142 a déjà fait les preuves de son savoir-faire avec ses fameuses réalisations du Front de Seine. Aujourd'hui, elle s'attaque à la réhabilitation d'un quartier en voie de restructuration. La Résidence 142 : du studio au F3, des logements spacieux avec balcon individuel. Des espaces verts : parc paysager et aire de jeux (idéal pour les enfants). Parking privatif (avec gardiennage). Haute sécurité : clôtures électrifiées, sas d'accès, code d'entrée et rondes de nuit.
Résidence 142 : 142, rue de l'Hermitage (ex-rue du Moulin).

RESIDENCE 142 = 240 EXPULSIONS !

"Réhabilitation d'un quartier insalubre".
C'est ainsi que nos élus municipaux nous
présentés l'affaire.Certains d'entre nous ont-ils
vraiment cru que cela signifierait la rénovation
des précaires et désuètes installations du gaz,de
l'électricité,de l'eau ?!Effectivement,les travaux
ont commencés. Mais pas pour notre profit.Saviez-vous
qu'une certaine société SEMCOL,réputée pour ses dou-
teuses opérations immobilières du frant de seine,
vend déjà sur plans les appartements d'une mysté-
rieuse Résidence 142 ,sise au "142 rue de l'Hermitage
(ex-rue du Moulin)" ?! Oui! Vous avez bien lu! Ex-rue
du Moulin! Notre rue! La Semcol doit donc être bien
sur de son coup pour vendre des terrainsqui nous ap-
partiennent encore! Alors qu'aucun d'entre nous n'a
encore reçu de propositions d'achat...Renseignements
pris auprès de nos élus: "Vous serez relogés dans la
périphérie. Dans du moderne.Vous gagnerez au change".
Cela signifie l'expulsion pure et simple! On ne nous
laisse donc pas le choix!

3

JE ME SUIS ACHETÉ UN APPAREIL PHOTO, MAIS IL N'Y A PAS GRAND CHOSE D'INTÉRESSANT À PHOTOGRAPHIER DANS CETTE CITÉ ...
PAPA EST EN PRÉRETRAITE, IL S'ENNUIE, MAMAN AUSSI, ELLE NE CONNAIT PERSONNE DANS LA CITÉ ET ELLE DIT QU'IL Y A DES VOYOUS QUI ATTAQUENT LES VIEILLES DAMES, ELLE N'EST PAS VIEILLE ... ILS SE SONT ENFIN ACHETÉ UNE TÉLÉ, MAIS PAPA N'AIME NI LE FOOT, NI DALLAS, NI PATRICK SABATIER ...
Le nid
« J'étais en train de faire ma ronde, quand j'ai entendu un bruit de mobylette. » M. Lheritier est très calme lorsqu'il se remémore les événements tragiques qui ont ensanglanté la future Résidence 142. M. Lheritier est vigile. Il est chargé, la nuit, de la surveillance du lotissement sur lequel va être construit l'un des futurs fleurons immobiliers de notre ville. « Les taudis qui sont sur le terrain, n'ont pas encore été démolis. Mais c'est une propriété privée. Et la nuit, il y a des individus suspects qui viennent pour voler ! ». M. Lheritier est armé. « C'est normal, je suis tout seul avec mon chien pour surveiller tout ça ! ». Cette nuit, vers 23 h 30, il découvre un véhicule suspect devant une maisonnette délabrée.
« Une mobylette de voyou ! ». M. Lheritier voit une forme suspecte s'introduire dans ladite maison. Propriété privée ! « J'ai fait une sommation ! Il ne m'a pas écouté. Mais j'ai vu qu'il avait un foulard rouge autour du cou. Comme les voyous des cités. » N'écoutant que son courage, M. Lheritier dégaine. « J'ai visé les jambes. » Le jeune cambrioleur, un mineur de 17 ans, Robert M., est mort sur le coup. (Voir page 7).
FIN
SCENARIO : J.L. BOCQUET
DESSIN : arno.

LA MERE A TITI
JEAN-C. DENIS
D'APRÈS
RENAUD
ET VOUS RÉPÉTEZ CHEZ TITI !!! EH BEN C'EST UNE CHANCE QUE TU NE JOUES PAS DE LA CONTRE BASSE !
IL FAUT QUE J'Y AILLE ! FINIS LA PARTIE POUR MOI.
QU'EST CE QU'IL A VOULU DIRE AVEC SON HISTOIRE DE CONTREBASSE ?
JE VIENS POUR LA RÉPÈTE, JE SUIS BIEN CHEZ TITI ?
AUX DERNIÈRES NOUVELLES, C'EST TOUJOURS MOI QUI LAVE SES CHAUSSETTES SALES !
LA CHAMBRE EST AU BOUT DU COULOIR, ET LES PATINS JUSTE DERRIÈRE TOI !
OUPS !
LE LINO, C'EST BEAU TANT QUE ÇA BRILLE.
BEN ENTRE ! RESTE PAS PLANTÉ LÀ !..

MINCE ALORS! FAUT PAS ÊTRE CLOSTRO CHEZ TOI!
ON S'HABITUE ET ÇA N'EMPÊCHE PAS DE CHANTER.
REMARQUE Y'A PAS DE VOISINS AU DESSUS NI SUR LES CÔTÉS!...
DE TOUTE FAÇON, DÈS QUE JE GAGNE TROIS THUNES AVEC LA ZICMU, JE METS LES BOUTS!
LE ROSSIGNOL A UNE BELLE VOIX MAIS IL ÉTOUFFE DANS SA CAGE!.. ON LA CONNAÎT LA CHANSON!
SON PÈRE ÉTAIT PAREIL!
TONY CA
N'EMPÊCHE QUE LA CAGE... C'EST MOI QUI LA NETTOYE!
SI T'ÉTAIS MARIÉ ENCORE... MAIS LÀ, QUI C'EST QUI VA LES LAVER, TES SLIPS SALES?!
J'AI DES TAS DE COPINES QUI...
HA! HA! HA!
TES LOUTES C'EST RIEN QUE DES POUFFES! TU VEUX TE BARRER? BARRE TOI! MAIS T'ES PRÉVENU: REVIENS PAS AVEC TES T-SHIRTS SALES LA SEMAINE PROCHAINE! NON MAIS DES FOIS!!!
Y'A DES LIMITES QUI DÉPASSENT LES BORNES!
LES PATINS!!!
2

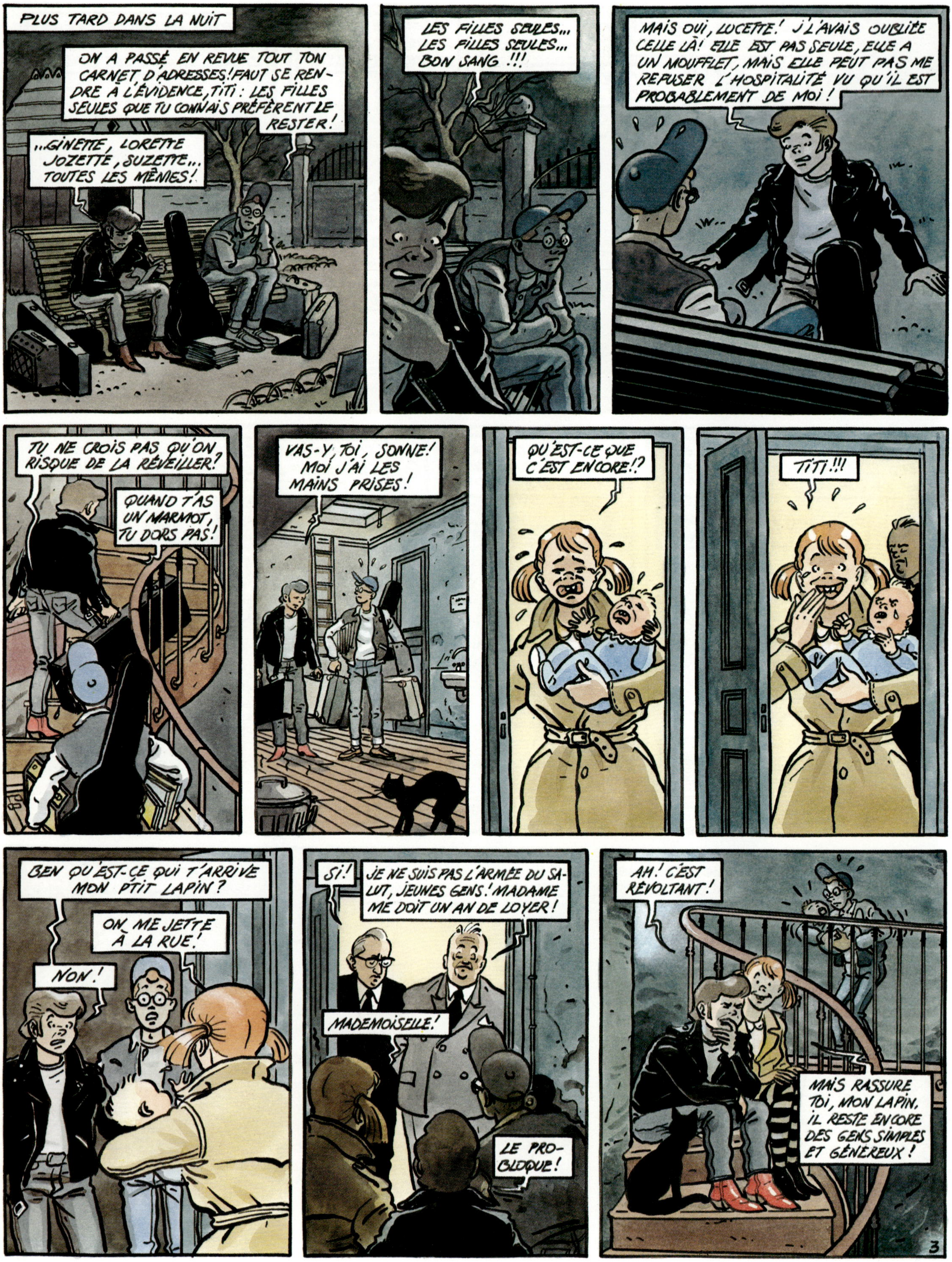
PLUS TARD DANS LA NUIT
ON A PASSÉ EN REVUE TOUT TON CARNET D'ADRESSES! FAUT SE RENDRE À L'ÉVIDENCE, TITI : LES FILLES SEULES QUE TU CONNAIS PRÉFÈRENT LE RESTER!
...GINETTE, LORETTE JOZETTE, SUZETTE... TOUTES LES MÊMES!
LES FILLES SEULES... LES FILLES SEULES... BON SANG !!!
MAIS OUI, LUCETTE! J'L'AVAIS OUBLIÉE CELLE LÀ! ELLE EST PAS SEULE, ELLE A UN MOUFFLET, MAIS ELLE PEUT PAS ME REFUSER L'HOSPITALITÉ VU QU'IL EST PROBABLEMENT DE MOI!
TU NE CROIS PAS QU'ON RISQUE DE LA RÉVEILLER?
QUAND T'AS UN MARMOT, TU DORS PAS!
VAS-Y, TOI, SONNE! MOI J'AI LES MAINS PRISES!
QU'EST-CE QUE C'EST ENCORE!?
TITI!!!
BEN QU'EST-CE QUI T'ARRIVE MON P'TIT LAPIN?
ON ME JETTE À LA RUE!
NON!
SI!
JE NE SUIS PAS L'ARMÉE DU SALUT, JEUNES GENS! MADAME ME DOIT UN AN DE LOYER!
MADEMOISELLE!
LE PROBLOQUE!
AH! C'EST RÉVOLTANT!
MAIS RASSURE TOI, MON LAPIN, IL RESTE ENCORE DES GENS SIMPLES ET GÉNÉREUX!
3

DIS MOI, TITI, J'ESPÈRE QUE CE N'EST PAS À MOI QUE TU FAIS ALLUSION LÀ, PARCEQUE...
JE FAIS ALLUSION À MOI MÊME. J'EMMÈNE LUCETTE À LA MAISON.
AVEC LE MOUFLET?
J'VAIS PAS FAIRE DE SALADE POUR UN LARDON!
OH! TITI, TU ES CHOU!!! JE VAIS CHERCHER MON TROUSSEAU!!!
NE PRENDS QUE LE STRICT MINIMUM!
LE STRICT MINIMUM TIENT DANS CETTE VALISE! NOUS GARDONS LE RESTE EN GAGE!
J'AI TOUTE MA VIE LA DEDANS!
DIS DONC! ÇA FAIT UN SACRÉ VOLUME!... VOYONS UN PEU ÇA DE PLUS PRÈS
AH! ÇA, C'EST PAS LA PEINE DE LE PRENDRE, Y A EXACTEMENT LE MÊME CHEZ TITI!
ÇA AUSSI D'AILLEURS!
ET ÇA ENCORE!
ET PUIS ÇA!
C'EST DINGUE LA COÏNCIDENCE! ON A LES MÊMES GOUTS MON LAPIN!
OH! ET ÇA AUSSI!
ON DOIT ÊTRE FAITS POUR S'ENTENDRE!
SOIS PAS TRISTE! TU RETROUVERAS TOUT ÇA CHEZ LA MÈRE À TITI!
ÇA, PAR CONTRE ÇA PEUT P'TÊT' SERVIR...
T'AS RAISON, TITI... ON SAIT JAMAIS!
FIN

LOULOU

ONE WAY
TAXI
AU MADISON SQUARE GARDEN !
?!
TU SAIS QU'T'AS UN PEU LA GUEULE À JAMES DEAN. CELLE QU'IL AURAIT EUE S'IL AVAIT PAS ÉTÉ BEAU.
CALDER
PLUMBERS SUPPLY HEATING
PLUMBERS SUPPLY HEATING
PLUMBING MATERIALS
TIENS, V'LA LA BÊTE HUMAINE !
... L'ALLUMÉ !
DELICATESSEN
STILEX
SPECTRO GALLERY
CITY CLEAN

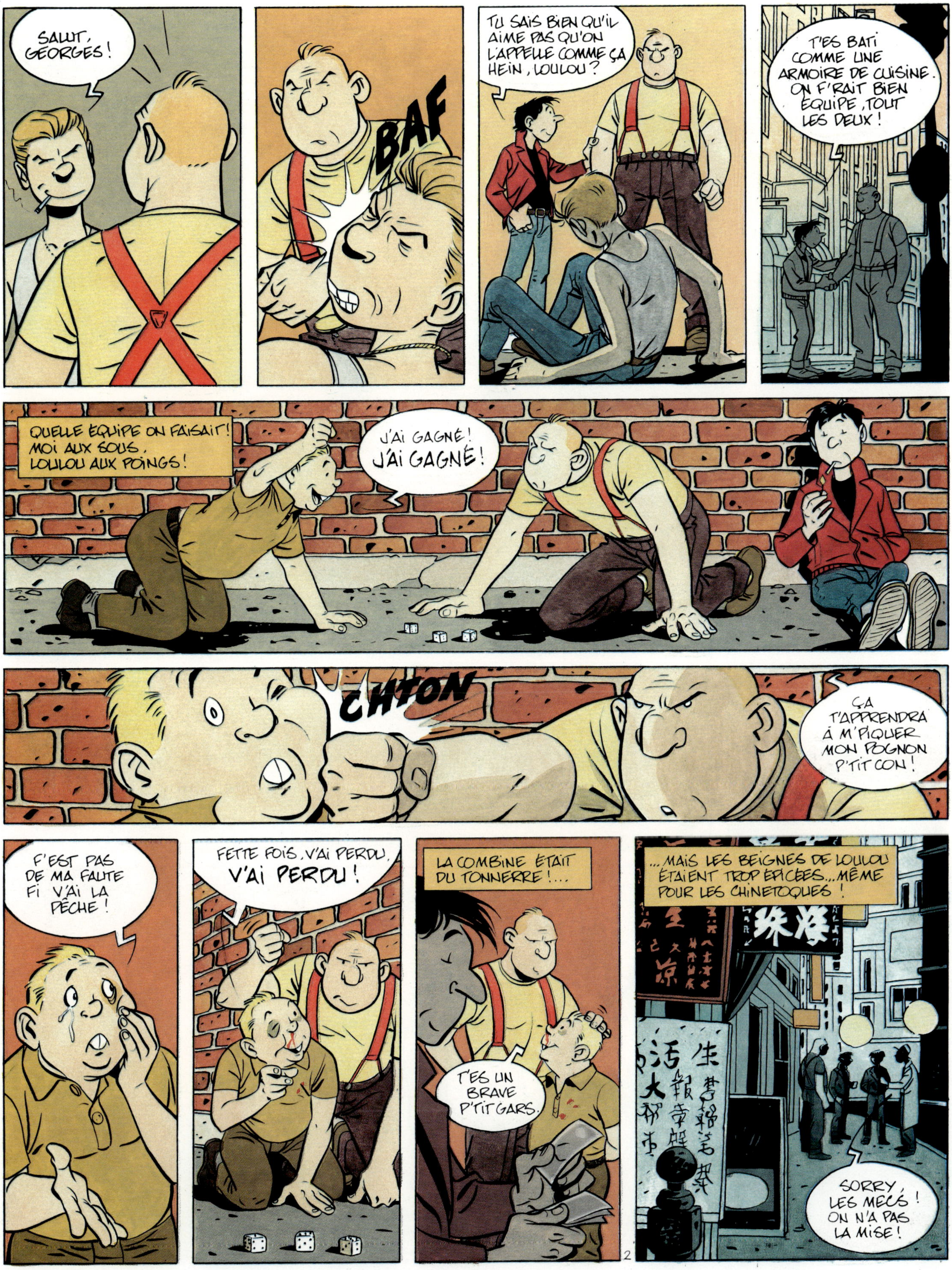
SALUT, GEORGES !
BAF
TU SAIS BIEN QU'IL AIME PAS QU'ON L'APPELLE COMME ÇA HEIN, LOULOU ?
T'ES BATI COMME UNE ARMOIRE DE CUISINE. ON F'RAIT BIEN ÉQUIPE, TOUT LES DEUX !
QUELLE ÉQUIPE ON FAISAIT ! MOI AUX SOUS, LOULOU AUX POINGS !
J'AI GAGNÉ ! J'AI GAGNÉ !
CHTON
ÇA T'APPRENDRA À M'PIQUER MON POGNON P'TIT CON !
F'EST PAS DE MA FAUTE FI V'AI LA PÊCHE !
FETTE FOIS, V'AI PERDU. V'AI PERDU !
LA COMBINE ÉTAIT DU TONNERRE !...
T'ES UN BRAVE P'TIT GARS.
... MAIS LES BEIGNES DE LOULOU ÉTAIENT TROP ÉPICÉES... MÊME POUR LES CHINETOQUES !
SORRY, LES MECS ! ON N'A PAS LA MISE !

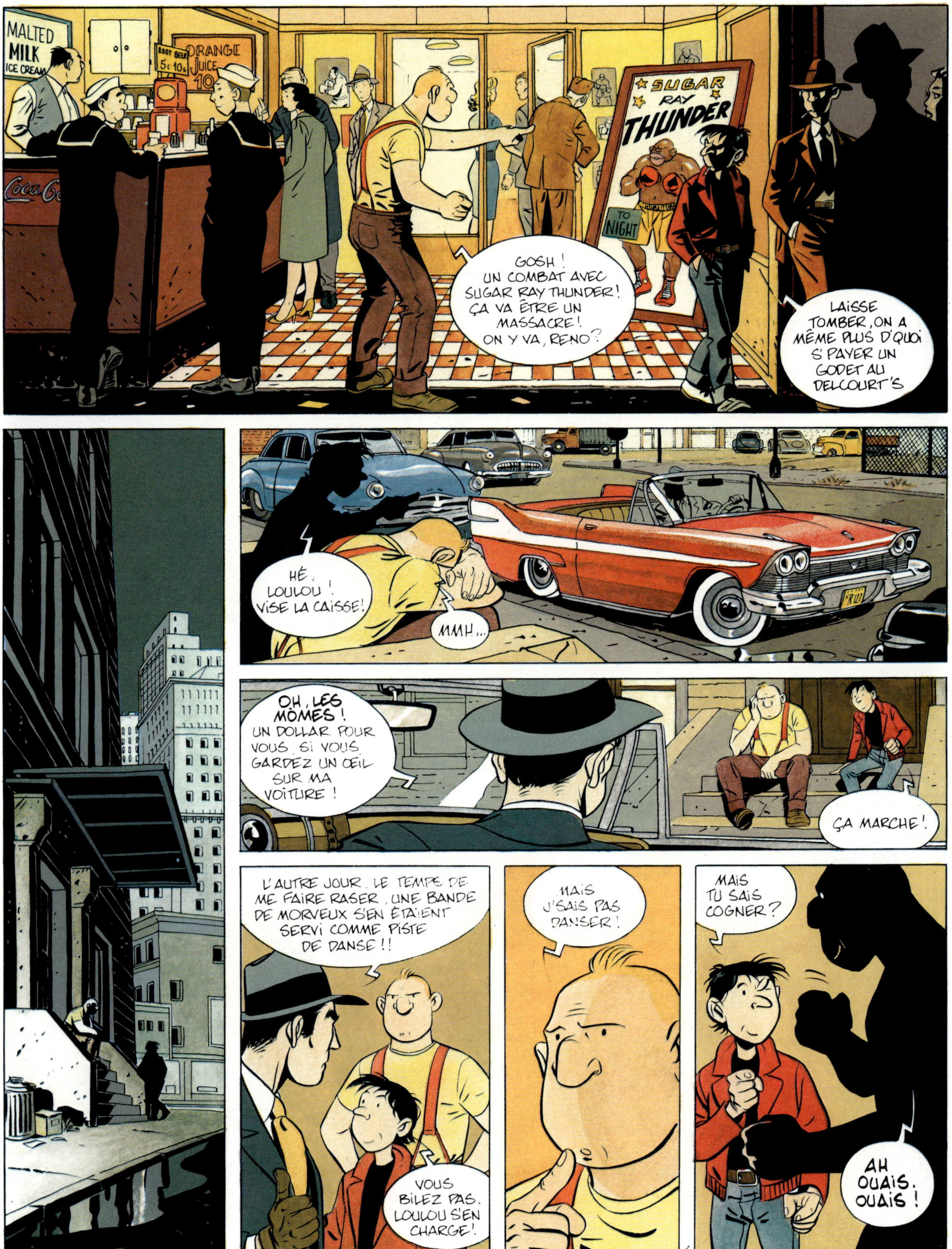
MALTED MILK ICE CREAM
ROOT BEER 5¢ 10¢
ORANGE JUICE 10
Coca-Co
SUGAR RAY THUNDER
TO NIGHT
GOSH ! UN COMBAT AVEC SUGAR RAY THUNDER ! ÇA VA ÊTRE UN MASSACRE ! ON Y VA, RENO ?
LAISSE TOMBER, ON A MÊME PLUS D'QUOI S'PAYER UN GODET AU DELCOURT'S
HÉ, LOULOU ! VISE LA CAISSE !
MMH...
OH, LES MÔMES ! UN DOLLAR POUR VOUS, SI VOUS GARDEZ UN ŒIL SUR MA VOITURE !
ÇA MARCHE !
L'AUTRE JOUR, LE TEMPS DE ME FAIRE RASER, UNE BANDE DE MORVEUX S'EN ÉTAIENT SERVI COMME PISTE DE DANSE !!
VOUS BILEZ PAS. LOULOU S'EN CHARGE !
MAIS J'SAIS PAS DANSER !
MAIS TU SAIS COGNER ?
AH OUAIS, OUAIS !

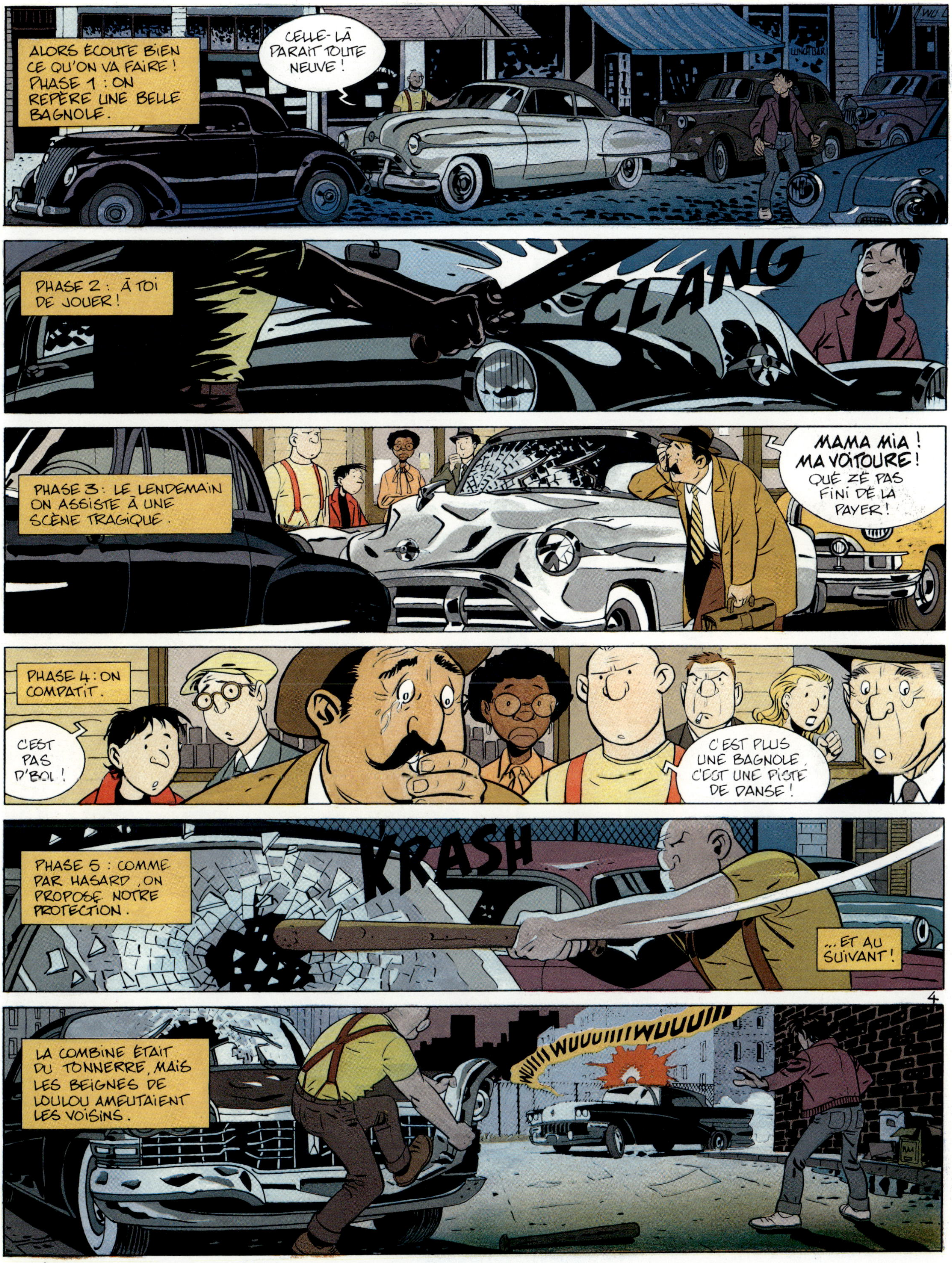
ALORS ÉCOUTE BIEN CE QU'ON VA FAIRE ! PHASE 1 : ON REPÈRE UNE BELLE BAGNOLE.
CELLE-LÀ PARAIT TOUTE NEUVE !
LUNCH BAR
PHASE 2 : À TOI DE JOUER !
CLANG
PHASE 3 : LE LENDEMAIN ON ASSISTE À UNE SCÈNE TRAGIQUE.
MAMA MIA ! MA VOITOURE ! QUÉ ZÉ PAS FINI DÉ LA PAYER !
PHASE 4 : ON COMPATIT.
C'EST PAS D'BOL !
C'EST PLUS UNE BAGNOLE, C'EST UNE PISTE DE DANSE !
PHASE 5 : COMME PAR HASARD, ON PROPOSE NOTRE PROTECTION.
KRASH
...ET AU SUIVANT !
LA COMBINE ÉTAIT DU TONNERRE, MAIS LES BEIGNES DE LOULOU AMEUTAIENT LES VOISINS.
WUUIIIIWUUUIIIIWUUUIII

BERTHET - DAVID 88.

B.S

S'ÎL ME JETTE ENCORE CE SOÎR, JE LUÎ ENVOÎE RANX!
RIS-BERC
LIBERATORE 88

TABLE DES MATIÈRES

Couverture : Albert Uderzo.

Dessins de Renaud sur son banc : Olivier Vatine.

Conception graphique : Titof.

Remerciements à Sylvie Uderzo et David Séchan.

LÈCHE BÉTON
PLINK